H. F. W. SCHMIDT

HERON VON ALEXANDRIA

SONDERABDRUCK AUS DEN NEUEN JAHRBÜCHERN FÜR
DAS KLASSISCHE ALTERTUM GESCHICHTE UND DEUTSCHE LITTERATUR

MIT 39 ABBILDUNGEN AUF 3 TAFELN

LEIPZIG 1899 ✶ B. G. TEUBNER

HERON VON ALEXANDRIA

Es unterliegt keinem Zweifel, daſs zuweilen auch Sterne zweiten Ranges auf die Kulturentwickelung groſsen Einfluſs ausgeübt haben. Euklid steht als Forscher nicht in erster Reihe, und doch ist seine Nachwirkung bedeutend.

Für einen solchen Stern auf dem Gebiete antiker Mathematik und Physik galt bis vor kurzem auch Heron von Alexandria. Jetzt ist sein Ruhm verdunkelt, ja man stellt ihn schon auf eine Stufe mit Kompilatoren wie Pappus u. a. und ist geneigt, ihm jede Originalität abzusprechen. Das ist aber zu weit gegangen. Wenn Heron auch keinen Anspruch mehr darauf haben mag, mit Euklid in die Schranken zu treten, so darf man ihm doch eine gewisse Selbständigkeit nicht absprechen. Wie hoch oder niedrig man ihn selbst aber auch stellen will, seine Schriften sind ohne Zweifel für gewisse Zeiten von nicht zu unter-schätzender Bedeutung gewesen, nicht bloſs dadurch, daſs sie etwas boten, das man unmittelbar verwertete, sondern noch mehr durch die Anregungen, welche sie, namentlich auf physikalischem Gebiete, gegeben haben. Ein Schriftsteller, welcher das Interesse eines Johannes Regiomontanus, Leonardo da Vinci, Albrecht Dürer, Galileo Galilei erregt hat, nicht zu gedenken der mannig-fachen mittelbaren oder unmittelbaren Einwirkung auf die Physiker im XVII. Jahrh., verdient gewiſs den Dank der Nachwelt. Die Bedeutung der Heronischen Schriften würde noch gröſser sein, wenn es wahr wäre, was man bisher allgemein, wenngleich mit Unrecht, angenommen hat, daſs auch der sachlich unschätzbare Vitruv und die römischen Feldmesser, die einst Karl Lachmann interessierten, von Heron abhängig wären, wie das freilich von den Byzantinern gewiſs ist. Auf dem Gebiete der Feldmeſskunst hatte Heron ohne Zweifel Erfahrung, ja, wenn eine Vermutung Mommsens zu Cassiod. Var. III 52 richtig ist, so hätte Heron selbst schon sich an der groſsen Reichsvermessung unter Augustus beteiligt. Jedenfalls fassen alle Heronischen Schriften die praktische Seite ins Auge, um die reine Wissenschaft ist es Heron nirgends zu thun. Die Philosophie schätzt er sogar so gering, daſs er meint, der Geschützbau sei für ein ruhiges Leben (ἀταραξία), welches das höchste Ziel der Philosophie bilde, wichtiger als alles Gerede der Philosophen.

Wenn oben gesagt wurde, man rechne Heron mit Unrecht unter die Quellen Vitruvs u. a., so ist damit bereits die Heronische Frage gestreift, d. h. die Frage, zu welcher Zeit denn Heron eigentlich lebte. Da diese Frage, deren Beantwortung für die Festsetzung des gegenseitigen Verhältnisses Herons

und der erwähnten Schriften wichtig ist, bereits in meiner Einleitung zu
Heronis opera I (Biblioth. Teubn. 1899) ausführlich behandelt ist, so genügt
es hier, kurz darauf hinzuweisen, daſs es eine zuverlässige Nachricht über
Herons Lebenszeit nicht giebt. Wenn man bisher auf Grund einer hslichen
Notiz Ἥρωνος Κτησιβίου, was man als 'H., Schüler des K.' glaubte erklären
zu dürfen, je nach dem Ansatze für Ktesibios, sich für das III. bis I. Jahrh.
v. Chr. entschied, so ist das ein zu unsicheres Fundament, als daſs es
gegenüber dem unverfänglichen Beweise, daſs Herons Mechanik nach dem
Jahre 55 n. Chr. anzusetzen ist, noch weiter in Betracht kommen könnte,
zumal da Heron nachweislich nach Posidonius gelebt hat. Vermutlich hat
Heron also im I. Jahrh. n. Chr. geblüht. Ihn noch weiter hinabzurücken,
liegt kein stichhaltiger Grund vor.

Ehe wir uns nun dem Einzelnen zuwenden, erscheint es angezeigt, einen
Überblick über die Heronischen Schriften zu geben.

Die streng mathematischen Schriften enthalten teils mathematische Defini-
tionen, teils eine systematische Anleitung zur Inhaltsberechnung planimetrischer
Figuren und stereometrischer Körper (wie z. B. in den neuentdeckten Μετρικά)
oder geometrische Beweise (wie in dem Kommentare zu B. I von Euklids
Elementen), teils Sammlungen arithmetischer, planimetrischer und stereometrischer Rechenaufgaben, teils Maſstabellen. Letztere sind im Laufe der Zeit,
den jeweiligen Bedürfnissen entsprechend, vielfach umgeändert worden, wie das
überhaupt mit Herons mathematischen Schriften seitens der Byzantiner in er-
heblichem Maſse geschehen ist. Mit der Feldmeſskunst befaſst sich die Schrift
Περὶ διόπτρας, welche auſser der Beschreibung eines Theodolits und der berühmten Dreiecksformel (Inhaltsberechnung aus den drei Seiten) zahlreiche
Beispiele für das Nivellement, Anlegung von Schächten und Stollen, eines
Tunnels, Distanzmesser für Land und Wasser u. a. enthält. Von den Gewölbe-
aufgaben (Καμαρικά), welche Isidor von Milet, der Erbauer der Hagia
Sophia (532) benutzte, ist so gut wie nichts auf uns gekommen.

Für die antike Physik und Technik kommen sodann die Druckwerke
(Πνευματικῶν 2 B.), die Automatentheater (Περὶ αὐτοματοποιητικῆς), der Geschützbau (Βελοποιϊκά), die Handschleuder (Χειροβαλλίστρα, deren Echtheit
uns freilich nicht auſser Zweifel steht), die Spiegellehre (Katoptrik), die
Hebewinde (Βαρουλκός) und die Mechanik in Betracht. Letztere ist vollständig nur in einer arabischen Übersetzung des IX. Jahrh., griechisch nur in
Fragmenten überliefert. Die Katoptrik ist nur in einer lateinischen Übersetzung des Wilhelm von Moerbek (um 1270) erhalten. Dazu kommt noch
ein unbedeutendes Fragment über Wasseruhren (Περὶ ὑδρίων ὡροσκοπείων).

Von diesen Schriften enthält der soeben erschienene I. Bd. der neuen
Heronausgabe die Druckwerke und die Automatentheater, nebst einigen Er-
gänzungen aus Philon von Byzanz (Ende des III. Jahrh. v. Chr.) und aus
Vitruv, griechisch und deutsch nebst Figuren, welche auf Grund der hslichen
Figuren rekonstruiert sind. Für das II. Bändchen sind die Mechanik in neuer
Bearbeitung von de Vaux und Nix, die Belopoiika, Cheiroballistra, Katoptrik, für

das III. die Dioptra und Metrika, herausgegeben von H. Schöne, und für das letzte die unedierten mathematischen Sachen vorgesehen. Die einzige bis jetzt erschienene, vollständige griechische Ausgabe der Pneumatik und Automaten in den Veteres mathematici (Paris 1693) ist anerkanntermafsen unbrauchbar.

I

Die Druckwerke fallen in das Gebiet der unterhaltenden Physik. Vorauf gehen allgemeine Erörterungen über das Vakuum, welche dem Physiker Straton von Lampsakos (III. Jahrh. v. Chr.) entlehnt sind.[1] Straton, obwohl Peripatetiker, nimmt eine vermittelnde Stellung zwischen Aristoteles und Demokrit ein, indem er ein kontinuierliches Vakuum leugnet, aber ein diskontinuierliches, in kleinen Teilchen in der Luft, der Feuchtigkeit u. s. w. verteiltes zugesteht. Nachdem Heron so, teilweise unter wörtlicher Wiedergabe der Stratonischen Ausführungen, eine Grundlage gewonnen hat, erörtert er die Theorie der Heber ($\sigma i\varphi \omega \nu \varepsilon \varsigma$). Diese finden nämlich bei den Heronischen Apparaten die mannigfachste Verwendung. Bei den Druckwerken wird bald der Wasserdruck, bald der Druck atmosphärischer, bald erwärmter Luft oder des Dampfes verwendet. Man verschaffte sich ohne Zweifel mit solchen Vorrichtungen, wie sie Fig. 1 darstellt, die mit Zuhilfenahme von Grotten oder des Erdreiches noch Tafel I ein natürlicheres Aussehen gewinnen mochten, in den königlichen Gärten zu Alexandria oder den Parks römischer Grofsen manche Kurzweil. Die Wasserkünste in den fürstlichen Gärten der Renaissancezeit sind lediglich eine durch Heron vermittelte Wiederholung oder durch ihn angeregte Weiterbildung. Wie in Fig. 1, beruht auch das automatische Ertönen von Trompeten beim Öffnen von Tempeln (s. Fig. 2) auf dem Wasser- bezw. Luftdrucke. Plinius XXXVI 88 Mayh. erzählt von einem ägyptischen Labyrinth, dafs beim Öffnen der Pforten sich im Innern ein schrecklicher Donner erhoben habe. Dergleichen Künste scheinen also in Ägypten gäng und gäbe gewesen zu sein. Erwärmte Luft verwendete man in den ägyptischen Tempeln z. B. zum selbstthätigen Öffnen der Thüren (Fig. 3)[2], bei Darstellung des Opfertanzes (Fig. 4) und des Opferns selbst (Fig. 5). Den Ausgangspunkt für die Geschichte der Dampfmaschinen pflegt die Äolipile (Fig. 6a u. b) zu bilden, eine Kugel, welche durch den Rückstofs des ausströmenden Dampfes in Drehung versetzt wird. Zu den Spielereien mufs man ferner den Weihwasserautomaten (Fig. 7) und die Vorrichtung mit Herkules und der Schlange (Fig. 8) rechnen. Bei letzterer schnellt Herkules den Pfeil ab, sobald man den Apfel $\varkappa$ emporhebt, indem zu gleicher Zeit die Schlange zischt. Man denkt bei dieser Vorrichtung unwillkürlich an die Äpfel der Hesperiden, welche von dem Drachen Ladon bewacht wurden. Indessen liefs sich Herkules, wie bekannt, dieselben durch Atlas holen. Die Abweichung, welche die vorliegende Einrichtung von der herkömmlichen Sage

---

[1] Vgl. H. Diels, Über das physikalische System des Straton. Sitzb. d. Kgl. preufs. Akad. d. Wiss. 1893 S. 101 ff.

[2] Vergil. Aen. VI 82—83 läfst die Pforten des Palastes der Sibylle sich selbstthätig öffnen.

bietet, beruht natürlich auf der Willkür des Mechanikers, nicht etwa auf einer uns sonst unbekannten, abweichenden Fassung der Sage. Praktischen Zwecken dienten der Heronsbrunnen (Fig. 9), bei dem die Luft durch den Druck einer Wassersäule (in $\alpha\beta\varepsilon\xi$) aus $\varepsilon\xi\gamma\delta$ in den Ölbehälter $\varkappa\lambda$ gedrängt das Öl durch die Röhre $o\xi$ in das Ausflufsröhrchen π prefste, ferner die mit Hilfe von Zahnstange und Zahnrad sich selbst regulierende Lampe (Fig. 10), das Milliarium, ein Badeofen sowohl in der einfachen Form eines römischen Meilensteins (Fig. 11) als mit Vorrichtungen zur Belustigung (Trompetenklang, Drosselgezwitscher, Tafel II s. Fig. 12). An der Wasserorgel, wie sie Fig. 13a u. b darstellen, hatte Nero seine besondere Freude. Ja, er soll einst ein Gelübde gethan haben, sie öffentlich zu spielen. Ihre Klänge begleiteten im Amphitheater den Kampf der Gladiatoren. Ihr Ton wird als süfs und entzückend ($\dot{v}\delta\varrho\alpha\dot{v}\lambda\varepsilon\omega\varsigma$ $\ddot{\eta}\chi o\varsigma$ $\pi\acute{\alpha}\nu\nu$ $\tau\iota$ $\dot{\eta}\delta\dot{v}\varsigma$ $\varkappa\alpha\dot{\iota}$ $\tau\varepsilon\varrho\pi\nu\acute{o}\varsigma$) geschildert, dürfte aber einem modernen Ohre schwerlich zusagen. Ob die Wasserorgel, welche Gerbert in Rheims konstruiert hätte, auf Heron zurückgeht, kann zweifelhaft sein. Die von Giambattista della Porta (1601) und Athanasius Kircher (1645) konstruierten Orgeln sind sicher durch Heron beeinflufst. Ein gewisses technisches Interesse haben noch die mechanischen Vorrichtungen, welche es in Fig. 14a—d ermöglichen sollen, dem Rinde in $o\pi$ den Hals zu durchschneiden, ohne dafs der Kopf abfällt, und ein gleichzeitiges automatisches Trinken, gleichsam wie nach einer Operation, herbeizuführen. Das wird in der Hauptsache durch die in dem Halse des Tieres in einer Trommel $\varrho\sigma$ liegende flügelförmige Welle $\mu\nu\xi$ und das gezahnte Verbindungsrohr $\varepsilon\xi$ bewerkstelligt, welches durch das Zahnradstück $\varkappa$ zurückgezogen, dem Messer freien Durchtritt (Fig. 14c) gewährt, dann sofort durch das Zahnradstück λ vorgeschoben wieder die Verbindung zwischen Hals und Kopf herstellt.

Es würde zu weit führen, wollten wir uns noch mehr auf Einzelheiten der Druckwerke einlassen, auf die mancherlei Zaubergefäfse, die vielen Variationen in Bezug auf die Darstellung singender Vögel und tönender Trompeten, auf die Feuerspritze, die Heronsbälle, die intermittierenden Brunnen, den Tantalusbecher, das Sieb des Aristoteles u. a. Das oben Angeführte dürfte zur Genüge zeigen, dafs Herons Druckwerke nicht nur für den Physiker und Techniker, sondern auch für den Philologen und in hohem Grade für den Archäologen Interesse haben.

Schon im Ausgange des III. Jahrh. hatte Philon von Byzanz, der sich zeitweise in Alexandria aufhielt, über Pneumatik geschrieben. Leider ist das griechische Original, wie so manches Stück über die antike exakte Wissenschaft, verloren und die lateinische Übersetzung der arabischen Übertragung der Pneumatik nur in einem Bruchstücke (s. Heron. op. I 459 ff.) vorhanden. Immerhin lassen sich aber an mehreren Stellen bei gleichartigen Dingen Vergleiche ziehen. Obgleich nun Heron den Philon in den Automaten zweimal citiert, mit ihm in der Einleitung über das Vakuum an manchen Stellen übereinstimmt und daher die Vermutung nahe liegt, dafs Heron auch sonst in der Pneumatik den Philon benutzt habe, so lehrt doch eine genauere Vergleichung, wie z. B. beim Thermoskope (Heron. op. I 224 u. 474), den intermittierenden Brunnen u. a., daſs Heron gegenüber dem Philon durcháus nicht unselbständig ist.

Die Überlieferung der Druckwerke ist gut, trotzdem die Hss. bis auf eine der Renaissance angehören. Wir haben zwei Recensionen, von denen die eine offenbar eine spätere Überarbeitung ist, vielleicht des VI. Jahrh. n. Chr. Der echte Heron wird im kritischen Apparate durch zwei Hss. der besseren Klasse (einen Marcianus und einen Gudianus) und durch eine der schlechteren Klasse (einen Taurinensis) vertreten, Pseudo-Heron durch einen Barberinianus, einen Constantinopolitanus und einen Parisinus. Pseudo-Heron hat nicht nur vielfach den Wortlaut, sondern zuweilen ganze Apparate umgestaltet, nicht immer zum Vorteil der Sache. Die Zahl sämtlicher Hss. der Pneumatik (griechisch und lateinisch) ausschlieſslich der verschollenen beläuft sich auf 100, von denen 86 auf den echten Heron, 14 auf Pseudo-Heron kommen. Die 86 Heronischen Hss. zerfallen schon ihrem Umfange nach in verschiedene Gruppen, welche wir in dem Supplementhefte der Einleitung als die vollständige, die gekürzte Pneumatik, die κλάσματα d. h. Fragmente, die vollständig und unvollständig ergänzte Pneumatik bezeichnet haben. Die im Apparate nicht verwendeten Hss. sind innerhalb der Gruppen klassifiziert und charakterisiert. Die beste Heronische Hs. ist ohne Zweifel Marcianus 516 s. XIII., die beste Pseudo-Heronische Barberinianus I 162 vom Jahre 1499, fast von gleicher Güte Constantinopolitanus 19 s. XV.

II

Nach Xenophons Darstellung trat bei dem Gastmahle, welches er 422 im Hause des reichen Kallias in Athen stattfinden läſst, ein Syrakusaner auf, um die Gäste auſser anderem durch Vorführung eines Puppentheaters zu unterhalten. Sokrates nimmt freilich von den Schaustellungen (ἐπιδείγματα) des Marionettenspielers (νευροσπάστης) wenig Notiz und zieht eine burleske Pantomime vor. Daſs solche Marionettentheater damals schon volkstümlich waren, deutet ein Ausspruch des Syrakusaners an: Symp. 4, 55 Ἐπὶ τῷ μήν (sc. μέγα φρονεῖς); Ἐπὶ νὴ Δία τοῖς ἄφροσιν. οὗτοι γὰρ τὰ ἐμὰ νευρόσπαστα[1]) θεώμενοι τρέφουσί με. Auf ein lebhaftes allgemeines Interesse dafür weist ferner der Umstand, daſs später dem Neurospasten Potheinos sogar die Pforten des Dionysostheaters sich öffneten (Athen. I 19e Ἀθηναῖοι Ποθεινῷ τῷ νευροσπάστῃ τὴν σκηνὴν ἔδωκαν, ἀφ’ ἧς ἐνεθουσίων οἱ περὶ Εὐριπίδην). In römischer Zeit war das Interesse keinesfalls geringer, besonders zur Kaiserzeit. Wenn Horaz Sat. II 7, 82, um die menschliche Unfreiheit zu kennzeichnen, sich von seinem Sklaven Davus sagen läſst: *Duceris ut nervis alienis mobile lignum*, so setzt das ohne Zweifel voraus, daſs auch in dieser Zeit Vorstellungen auf Puppentheatern populär waren.[2])

---

[1]) Schon Herodot II 48 spricht von ἀγάλματα νευρόσπαστα, welche zu Ehren des Bacchus von ägyptischen Frauen in den Dörfern umhergetragen worden seien.

[2]) Vgl. noch aus der Zeit des Marc Aurel, der sich selber lebhaft dafür interessierte, Apul. de mundo 27: *ligneolae hominum figurae*. (Die Quelle des Apuleius, Ps. Arist. Περὶ κόσμου, ist freilich älter.) S. auch Magnin, Histoire des marionnettes (sic) en Europe. Paris 1852 S. 26.

Daſs bei solchen Schaustellungen der Sagenkreis des Bacchus, von dem das Theater seinen Ausgangspunkt genommen hatte, eine Rolle spielte, ist nicht zu verwundern. Pflegte man ja auch sonst dem Bacchus bei Festfeiern groſse Verehrung zu zollen, wie man z. B. in Alexandria unter Ptolemäus Philadelphus (285—247) in einem bacchischen Festzuge auf einem Wagen die mit aller Pracht ausgestattete und aus goldenem Becher Wein spendende Figur des Bacchus darstellte, begleitet von einer allegorischen Figur seiner Geburtsstadt Nysa, welche automatisch (οὐδενὸς τὰς χεῖρας προσάγοντος Athen. V 198 f.) sich erhob, aus goldener Schale Milch spendete und sich von selbst wieder setzte. War es bei den oben erwähnten Aufführungen die geschickte Hand des Neurospasten, welche das Einzelne in Scene setzte, so begegnet uns hier aus historischer Zeit anscheinend zum erstenmal[1]) ein gröſseres Werk der αὐτοματοποιητική. Die Kunst Automaten zu bauen wurde ohne Zweifel im III. Jahrh. v. Chr. gepflegt. Schon gegen Ende desselben sehen wir ein ganzes Stück des Philo aus Byzanz in fünf Scenen auf einem stehenden Automaten-theater dargestellt (s. unten S. 250). Wenn Heron im I. Jahrh. n. Chr. uns in dem ersten Teile seiner Schrift Über die Automatentheater (Περὶ αὐτοματοποιητικῆς) einen fahrenden Automaten mit Darstellungen aus dem bacchischen Kreise vorführt, so erkennen wir darin nur die Nachwirkung der Ptolemäerzeit mit ihren glänzenden Aufzügen zur Belustigung des Volkes.

Die erwähnte kleine Heronische Schrift bietet uns gegenüber den kurzen Andeutungen der übrigen antiken Schriftsteller den Vorteil, daſs sie uns auch mit den technischen Einzelheiten vertraut macht, die wenigstens für Archäologen und vielleicht auch für die Geschichte der Technik einiges Interesse haben dürften. Die Schrift behandelt zunächst die Apotheose des Bacchus auf einem fahrenden Automatentheater, wie man glauben muſs, nach Herons eigener Er-findung, sodann die genannte Philonische Aufführung des Nauplios auf dem stehenden Automatentheater.

Herons fahrender Automat (αὐτόματον ὑπάγον, Fig. 15) stellte sich folgende Aufgabe. Der mit drei Laufrädern versehene Automat rückte von selbst (μηδενὸς προσιόντος) auf einem festen, wagerechten und geebneten Boden, wo nötig, in Geleisen, bis zu einer bestimmten Stelle vor und hielt. Darauf schlug auf dem vor Bacchus stehenden Altare die Opferflamme empor. Aus dem Thyrsus des Bacchus spritzte Milch auf, aus dem Becher strömte Wein, welcher den zu Bacchus' Füſsen ruhenden Panther benetzte. Der Unter-bau wurde auf allen vier Seiten bekränzt, die Bacchantinnen umkreisten unter Trommelwirbel und Beckenschlag den Tempel. Darauf drehte sich Bacchus nach dem andern Altare hin, indem sich zugleich die auf der Kuppel des

---

[1]) Wenn wir von den automatischen Dreifüſsen des Vulkan (Il. XVIII 376) und den von selbst sich bewegenden Statuen des Daedalus (Aristot. Pol. I 3 (1253 ³⁵), Plato Menon 159 D τὰ Δαιδάλου ἀγάλματα) absehen, so hat es freilich kleinere Automaten schon zu Aristoteles' Zeiten gegeben. Vgl. Arist. Mech. 848 ³⁵, wo er im Anschluſs an eine Erläuterung der mechanischen Übersetzung bemerkt: οἱ δημιουργοὶ κατασκευάζουσιν ὄργανα κρύπτοντες τὴν ἀρχήν, ὅπως ᾖ τοῦ μηχανήματος φανερὸν μόνον τὸ θαυμαστόν, τὸ δ' αἴτιον ἄδηλον.

Tempels stehende Nike mitdrehte. Der zweite Altar flammte auf, von neuem flossen Thyrsus und Becher und tanzten unter Pauken- und Beckenschall die Bacchantinnen. Nachdem so die Bewegungen am Orte, welche auch alle automatisch erfolgten, beendet waren, setzten sich die Laufräder wieder von selbst in Bewegung, und der Automat kehrte nach seinem Ausgangspunkte zurück.

Sowohl die Bewegungen von Ort zu Ort als die während des Haltens wurden mit den einfachsten Vorrichtungen ausgeführt, Rädern, horizontalen und vertikalen Achsen gleichen und ungleichen Durchmessers, Pflöcken, Schnüren, die teils straff waren, teils lockere Schnurlagen bildeten, Gegengewichten u. dgl. Der Automat konnte sich nicht nur auf einer geraden Linie vor- und zurückbewegen, sondern unter Verwendung zweier Räderpaare, die abwechselnd automatisch gehoben oder gesenkt wurden, auch in Form eines Rechtecks, oder bei konischer Gestaltung der beiden vorderen Laufräder[1]) auf einem Kreise, ja unter Zuhilfenahme besonderer Radbüchsen in Schlangenlinien.

Von den Bewegungen am Orte betrifft die erste das Altarfeuer (Fig. 16).[2]) Dieses entzündete sich, wenn ein metallener Schieber $\eta\zeta$ unter den auf den Altären liegenden Hobelspänen von einem Kettchen $\eta\vartheta\varkappa$ zurückgezogen ward und die bis dahin verborgene Flamme der Lampe $\mu\nu$ durch die Öffnung ε emporschlagen und so die Späne in Brand setzen konnte.

Die Einrichtung, welche es Bacchus ermöglichte, automatisch Milch und Wein zu spenden, erläutert Fig. 17. Eine vom Betriebsgewichte kommende Schnur drehte den Hahn $_\prime\alpha$ bis dessen Löcher mit den vom Vorratsgefäße (mit Wein in $o\nu$, mit Milch in ξo) kommenden, versteckten Röhren $\pi\varrho\sigma\tau$ und $\chi\psi\omega\varsigma$ korrespondierten. Dann floß der Wein nach dem Becher, die Milch nach dem Thyrsus, bis sich der Hahn infolge weiteren Anziehens wieder schloß. Wenn es dann später Zeit war, daß sich Bacchus und Nike drehten, wurde ein Abzug gezogen. Infolgedessen senkte sich ein Gewicht $\overset{\beta}{\mu}$, zog eine Schnur an und drehte so nicht nur das mit der Basis des Bacchus verbundene Cylinderrohr $\gamma\delta$, sondern auch zu gleicher Zeit die über die Rollen $_\prime\vartheta$ und $_\prime\eta$ laufende Schnur und die Achse $_\prime\varsigma\,_\prime\zeta$ mit der Nike um einen Halbkreis. Alsdann kamen die Röhrenöffnungen ε und ζ vor $_\prime\beta$ und $_\prime\gamma$ zu liegen, und es konnte, sobald sich der Hahn $_\prime\alpha$ wieder geöffnet hatte, von neuem Wein nach dem Becher und Milch nach dem Thyrsus des Bacchus fließen, obwohl Bacchus jetzt die entgegengesetzte Stellung einnahm.

Die Guirlande, welche die Pilaster des Automaten bekränzen sollte, ruhte anfangs versteckt in einem Rahmen $\gamma\eta\delta\vartheta$ (Fig. 18a u. b), bis sie durch das Anziehen einer Schnur, das Drehen eines Winkelhebels und das Umschlagen einer Halteklappe niederfiel.

Die Bacchantinnen standen auf einem Reif $\varepsilon\zeta\eta\vartheta\varkappa\lambda\mu\nu$ (Fig. 19a—c), welcher zur entsprechenden Zeit durch ein inneres Räderwerk in Drehung versetzt ward.

---

[1]) D. h. sodaß sie zwei verschiedene Kreise ein und desselben gleichseitigen Kegels bildeten.

[2]) Über die Lage der Achse oder Rolle vgl. Heron. op. I S. LIV.

Als am 4. Juli 1452 der Herzog Borso von Este seinen Einzug in Reggio[1]) hielt, war zur Feier desselben aufser andern glänzenden Veranstaltungen eine Vorrichtung geschaffen, welche mit Herons fahrendem Automaten eine grofse Ähnlichkeit hat und möglicherweise durch letzteren angeregt war. Auf einem kunstvoll gearbeiteten Wagen stand zwischen zwei Engeln St. Prosper, der Patron von Reggio, mit einem Baldachin über dem Haupte, welcher von drei Engeln getragen wurde. Auf der Spitze des Baldachins erhob sich ein segenspendender Engel. Acht andere Engel drehten sich auf einem Reifen zu Füfsen St. Prospers unter Becken- und Paukenschlag rings im Kreise. Wer erkennt nicht in Prosper[2]) die Nachbildung des Bacchus, in den acht kreisenden Engeln die Abbilder der tanzenden Bacchantinnen und in dem segenspendenden Engel das der Nike? Wir haben also auch hier, wie schon bei der berühmten Strafsburger astronomischen Münsteruhr (s. Abh. z. Gesch. d. Math. VIII 177 —194), ein bemerkenswertes Beispiel dafür, wie in der Renaissance auch die Mechanik und Technik an die Antike anknüpfte.

III

Die Naupliussage, welche Philons und Herons stehender Automat aufführte, berichtet nach Hygin 116 folgendes: Palamedes, der Sohn des Nauplius, war infolge der Ränke des Odysseus vor Troja unschuldigerweise gesteinigt worden. Daher zürnte Nauplius den Griechen. Als dann später die Götter wegen des Raubes des Palladiums über sie auf ihrer Heimkehr bei den Kaphareischen Felsen einen Sturm hereinbrechen liefsen, hielt auch Nauplius die Zeit der Rache für gekommen. Gerade an der gefährlichsten Stelle hob er in der finstern Nacht eine Fackel empor. Dadurch irregeleitet segelten die Griechen ins Verderben. Sie erleiden Schiffbruch, nur wenige vermögen sich zu retten. Athene schleudert den Blitz gegen Ajax, welcher tödlich getroffen in den Wellen sein Leben aushaucht. Schon Sophokles hatte die Fabel im Ναύπλιος πυρκαεύς behandelt. Ob Hygins Erzählung sich auf letztere stützt, läfst sich trotz Welcker und Nauck bei der Spärlichkeit der überlieferten Fragmente nicht ausmachen. Noch mehr als Hygin hebt Vergil Aen. I 39 ff. den Tod des Ajax hervor. Ohne Zweifel war die Vorstellung von dem Tode des Ajax als Abschlufs dieses Mythus populär. Darauf weisen auch die Schlufs-scenen von Herons (bezw. Philons) stehendem Automaten hin. Dafs das Vorbild dafür in einem Drama zu suchen sei, ist sehr wahrscheinlich, da vielerlei an die Einrichtungen der Bühne erinnert. Ob etwa die Heronische Darstellung der Sage eine Beziehung zu Sophokles' Ναύπλιος πυρκαεύς hatte, ist nicht zu entscheiden.[3])

---

[1]) Vgl. Muratori, Rer. Ital. scriptor. XX 468 f.

[2]) Da der eine Engel neben Prosper nach Muratori a. a. O. 468E den Herzog anredet, so war dies offenbar eine lebende Figur. Sonst ist indessen in der Beschreibung der Feier wiederholt von *funes* die Rede, welche auf Automaten schliefsen lassen.

[3]) Vgl. R. Schöne, Zu Hyginus und Hero. Jahrb. d. Arch. Inst. V 75.

Herons stehender Automat führte das Stück in fünf Scenen auf. Zuerst sah man auf der Bühnenhinterwand ($\pi i \nu \alpha \xi$ oder $\xi \delta \alpha \varphi o \varsigma$ $\tau o \tilde{\upsilon}$ $\pi i \nu \alpha \varkappa o \varsigma$) zwölf Danaer in drei Reihen mit dem Ausbessern von Schiffen und den Vorbereitungen zum Stapellaufe ($\varkappa \alpha \vartheta o \lambda \varkappa \acute{\eta}$) beschäftigt. Kleine, sich dicht an die Wand anschmiegende Figuren ($\zeta \acute{\omega} \delta \iota \alpha$) in entsprechender Bemalung sägten, zimmerten, hämmerten, bohrten. Die zweite Scene zeigte den Stapellauf selbst auf einem inzwischen heruntergelassenen Prospekte ($\delta \vartheta \acute{o} \nu \iota o \nu$). Die nächste Scene liefs auf einer Wandeldekoration ($\chi \acute{\alpha} \varrho \tau \eta \varsigma$) die Schiffe in Kiellinie vorbeifahren in Begleitung von lustig auf- und niedertauchenden Delphinen. Dann erhebt sich ein Sturm. In der vierten Scene erscheinen Athene und Nauplius mit erhobener Fackel. Die letzte Scene stellt zunächst auf einem vollständigen Prospekte den Schiffbruch dar. Man sieht Ajax nach dem Lande schwimmen. Darauf wird Athene nach Philon auf einer Schwebemaschine ($\mu \eta \chi \alpha \nu \acute{\eta}$) emporgehoben, während sie nach Heron, der hierin Philon verbessern will, auf der Bühne selbst den Ajax umkreist. Sie schleudert unter dem Krachen des Donners den Blitz. Ajax verschwindet, gleichsam tödlich getroffen, in den Fluten, indem seine Figur von einem Teilprospekte verdeckt wird. Damit ist das Stück zu Ende.

Die Aufführungen gingen in einem zweistöckigen Spielhause ($\pi \lambda \iota \nu \vartheta \acute{\iota} o \nu$ Kasten, Fig. 20) vor sich, welches durch eine vertikale Scheidewand ($= \ddot{\epsilon} \delta \alpha \varphi o \varsigma$ $\tau o \tilde{\upsilon}$ $\pi i \nu \alpha \varkappa o \varsigma$) in den vorderen Bühnenraum ($\pi i \nu \alpha \xi$) und den hinteren Maschinenraum zerfiel. Darunter befand sich ein Hohlraum ($\vartheta \omega \varrho \acute{\alpha} \varkappa \iota o \nu$ $\varkappa o \tilde{\iota} \lambda o \nu$), welcher die Untermaschinerie für die automatische Bewegung der Thürflügel enthielt und zugleich den Versenkungsraum für die untertauchenden Delphine und den Ajax zerschmetternden Blitz bildete. Im oberen Stocke war auf der einen Seite die Vorrichtung für das Feuerzeichen ($\pi \upsilon \varrho \sigma \acute{o} \varsigma$), auf der andern, wenigstens nach Philon, die für die Schwebemaschine. Da Heron eine einfachere Vorrichtung für das Erscheinen der Athene konstruiert hatte, so hat er die eine Hälfte des Oberstockes wohl überhaupt nicht benutzen wollen. Indessen setzt er sich mit sich selbst in Widerspruch, indem er die Hinweise auf die von ihm bekämpfte Philonische Schwebemaschine nicht getilgt hat.

Das Öffnen und Schliefsen der Bühnenthüren erfolgte zwischen den einzelnen Scenen auf einfache Weise mit Hilfe einer vertikalen Achse $\varepsilon \zeta$ (Fig. 21 a—d) auf welcher entsprechend den fünf Scenen eine Schnur $\varkappa$, teils straff gezogen teils lockere Lagen bildend, mit den Ösen λ abwechselnd um die Pflöcke η und ϑ gelegt, überall angeklebt und dann nach dem Betriebsgewichte ($\lambda \varepsilon \acute{\iota} \alpha$) geleitet war.

Die Bewegung der kleineren Figuren in der ersten Scene wurde, wie Fig. 22a u. b zeigt, durch ein Sternrad ($\grave{\alpha} \sigma \tau \varepsilon \varrho \acute{\iota} \sigma \varkappa o \varsigma$) vermittelt, von dessen Tafel III Achse eine Schnur nach dem Betriebsgewichte ging.

Die Prospekte, welche den Stapellauf u. a. darstellten, waren, ehe sie in Erscheinung traten, oberhalb der Bühnendekoration ($\xi \delta \alpha \varphi o \varsigma$ $\tau o \tilde{\upsilon}$ $\pi i \nu \alpha \varkappa o \varsigma$) unter dem Boden des Oberstockes ($= \pi \lambda \varepsilon \upsilon \varrho \grave{\alpha}$ $\tau o \tilde{\upsilon}$ $\pi \lambda \iota \nu \vartheta \acute{\iota} o \upsilon$) zusammengelegt (Fig. 23a u. b) und rollten im gegebenen Momente nieder, indem durch allmähliches Anziehen einer Schnur vom Betriebsgewichte aus nach einander mehrere Stifte aus den die Prospekte zurückhaltenden Ösen herausgezogen wurden.

Die Wandeldekoration (Fig. 24a u. b, Rückseite) mit der Flottenparade zog mit Hilfe zweier vertikaler Achsen und einer Drehwelle $\vartheta\varkappa$ ziemlich schnell vor den Augen des Publikums vorüber. Die auf- und niedertauchenden Delphine veranschaulichen Fig. 25a—c, das Feuerzeichen Fig. 26.

Der Blitz (Fig. 27), durch ein kleines Brett dargestellt, fiel schnell, von zwei fast unsichtbaren Schnüren geführt, über die Bühne durch einen Schlitz (ἐκκοπή) in die Versenkung. Mittels desselben Bewegungsapparates fiel gleichzeitig der Teilprospekt (ὀθόνιον μικρόν) nieder, welcher die Figur des Ajax zu verdecken hatte.

Die Donnervorrichtung im einzelnen zu beschreiben hat Heron vergessen, wie er selber das dem Philon vorwirft. Indessen ist aus einer allgemeinen Bemerkung ersichtlich, dafs die von Heron konstruierte oder geplante Vorrichtung im wesentlichen den Donnervorrichtungen der heutigen Zeit (Fig. 28) entsprochen haben mufs.

Besonderes Interesse dürfte der Heronische Bewegungsapparat für das Erscheinen der Athene in der vierten Scene erwecken. Leider giebt Heron nur allgemeine Andeutungen. Um so dankenswerter ist daher der auf meine Anregung von H. Querfurth, einem Theaterfachmanne, unternommene Rekonstruktionsversuch (Fig. 29a—d), welcher nur die einfachen Mittel Heronischer Technik verwendet.

Während der ersten drei Scenen lag die Figur (A) am Boden (A_1 in Fig. 29a). Dann wurde sie im gegebenen Augenblicke durch die an der Rückseite angebrachte Schnur s aufgerichtet (A_2), fuhr auf einem kleinen Schlitten (D, Fig. 29c), auf dessen Unterseite von der Schnur c_1 (Fig. 29c) gezogen, in der Schlitzbahn n (Fig. 29b) um die Bühne, bis sie nach dem Ausgangspunkte zurückkehrte. Schliefslich wurde sie von der auf der Vorderseite der Figur befestigten Schnur e (Fig. 29d) wieder niedergelegt.

Die Zahl der griechischen Hss. beläuft sich auf 38, welche in zwei Klassen zerfallen. Die bessere führt überall den Titel Περὶ αὐτοματοποιητικῆς, die schlechtere den bis jetzt üblichen Περὶ αὐτοματοποιητικῶν. Als Vertreter der besseren Klasse sind Marcianus 516 und Gudianus 19, für die schlechtere Taurinensis B V 20 ausgewählt. Aus einer erheblichen, in allen Hss. vorhandenen Störung in der Aufeinanderfolge des Textes, infolge deren schon die Abschreiber irrtümlich glaubten, eine Lücke annehmen zu müssen, ist evident, dafs alle Hss. auf einen Archetypus zurückgehen.

Die Überlieferung der Automaten ist, von einigen Interpolationen abgesehen, im ersten Teile im ganzen gut, im letzten an vielen Stellen verderbt. Hier die bessernde Hand anzulegen ist eine keineswegs leichte, aber vielleicht nicht ganz undankbare Aufgabe für die Philologen. Wenngleich bereits eine Anzahl Konjekturen im kritischen Apparate stehen, so war naturgemäfs das Ziel der Ausgabe in erster Linie die Recensio, erst in zweiter die Emendatio. Die Ausgabe hat sich zwar bemüht, die Wunden blofszulegen. Sie zu heilen vermag nur die gemeinsame Thätigkeit der philologischen Fachgenossen. Wie bei jedem andern antiken Schriftsteller, so ist auch bei Herons Automaten für die Ausübung der Textkritik die Beherrschung nicht blofs der Form, sondern in hohem Mafse der Sache und Klarheit über die Heronischen Prinzipien Voraussetzung, wenn wirklich Erspriefsliches geleistet werden soll. Besonderen Erfolg würde ich mir versprechen, wenn ein geschickter, technisch nicht unerfahrener Archäologe sich entschliefsen könnte, eine Rekonstruktion in Form eines Modelles zu versuchen. Die Aufgabe wäre nicht leicht, aber scheint mir nicht unmöglich. Das fahrende Automatentheater ist zwar nach Heron manchen Fährlichkeiten ausgesetzt gewesen, dagegen soll das stehende ziemlich sicher funktioniert haben. Jedenfalls würde, wer es unternimmt, des Dankes der Gelehrten sicher sein, wie es dem Artilleriehauptmann Deimling, dem Wiederhersteller der Katapulten, auf dem Philologentage zu Heidelberg (1865), oder de Reffye für das jetzt im Museum zu St. Germain aufbewahrte Modell einer Katapulte gewifs nicht an Anerkennung gefehlt hat.

———————

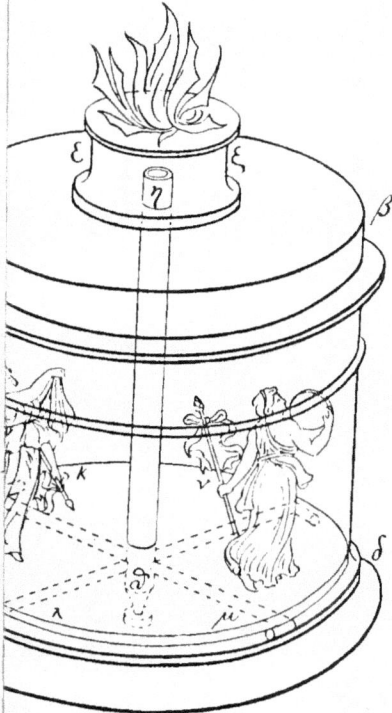

Fig. 4

Fig. 5

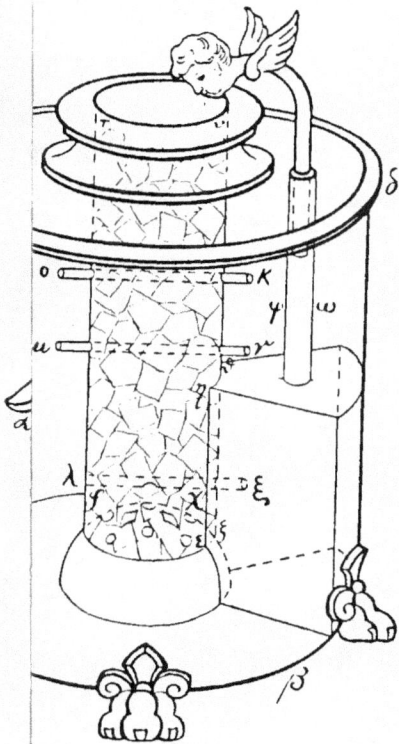

Fig. 11

Fig. 12

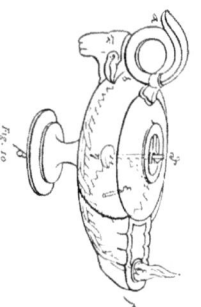

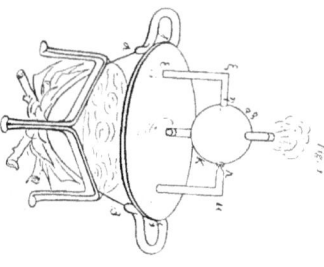

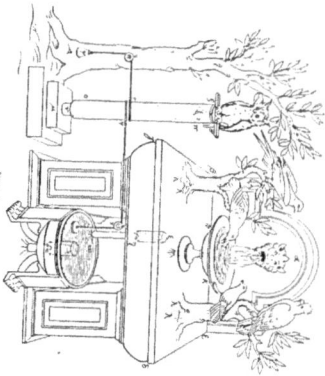

Fig. 10

Fig. 6a

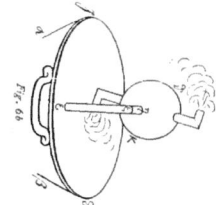

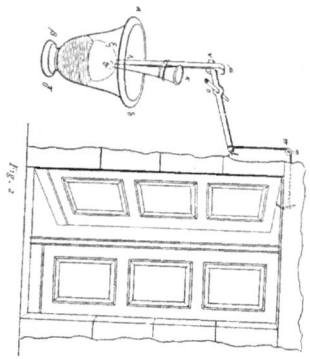

Fig. 8

Fig. 6b

Fig. 2

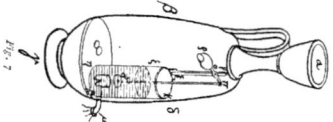

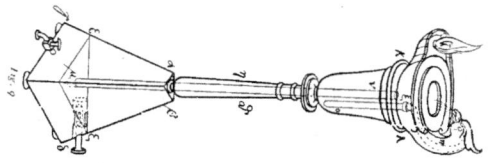

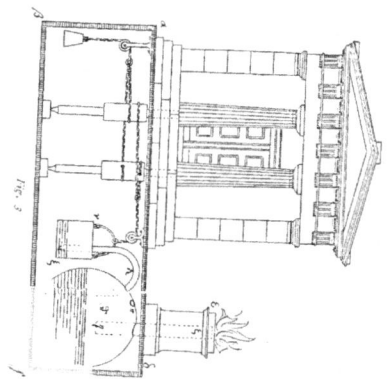

Fig. 7

Fig. 9

Fig. 3

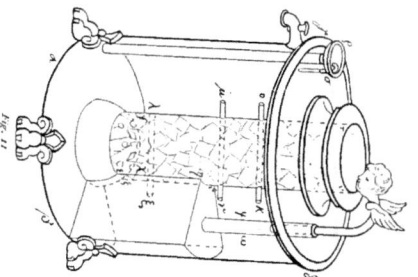

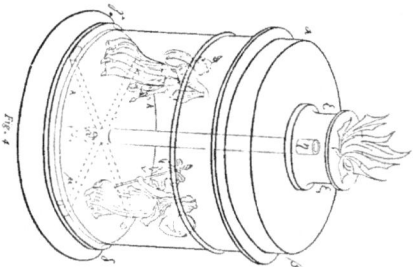

Fig. 11

Fig. 4

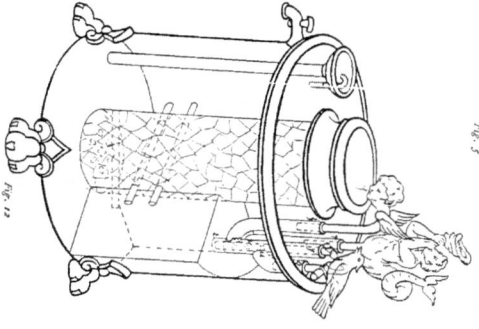

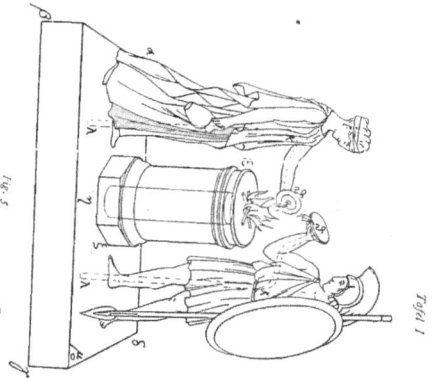

Fig. 12

Fig. 5

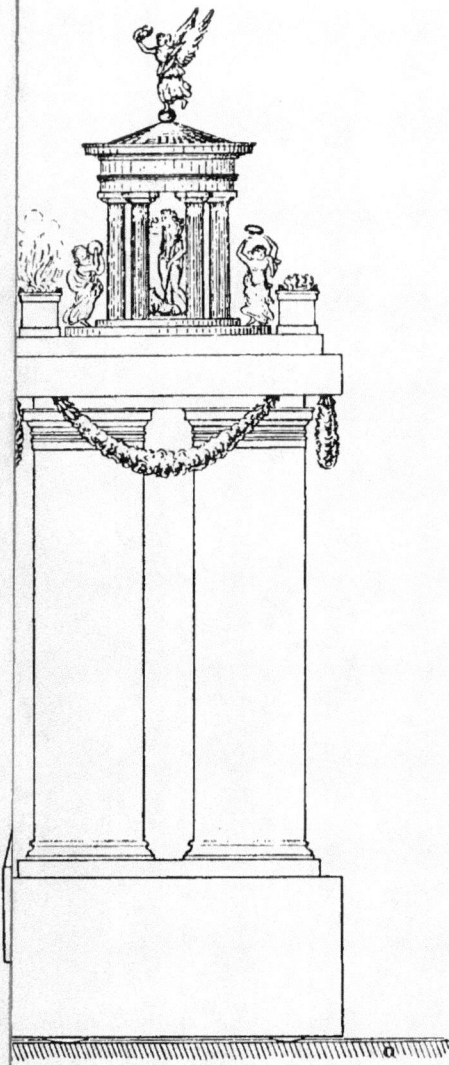

Fig. 15

Fig. 17

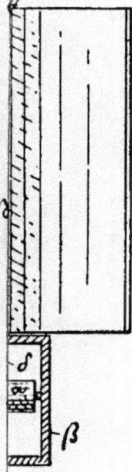

Fig. 21 c

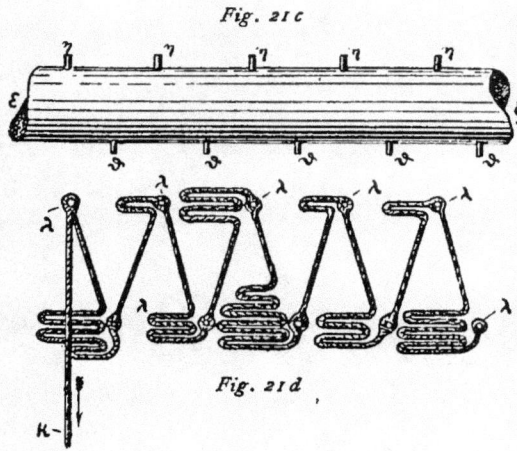

Fig. 21 d

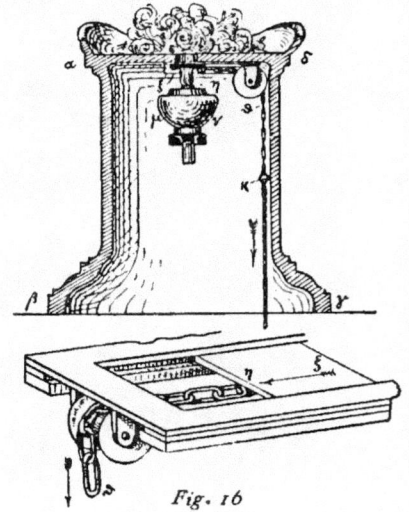

Fig. 16

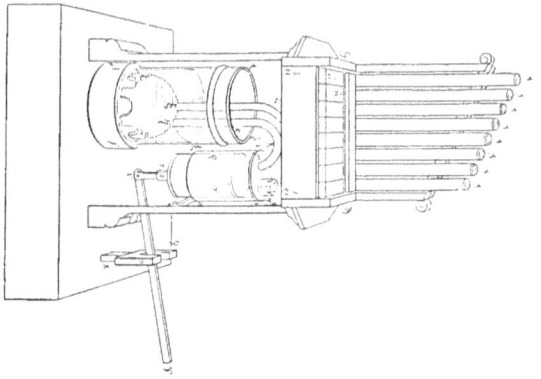

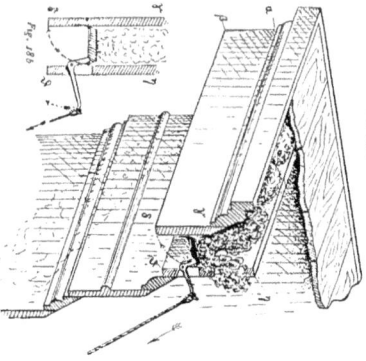

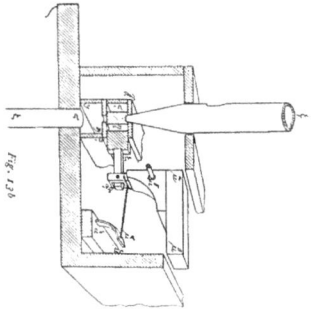

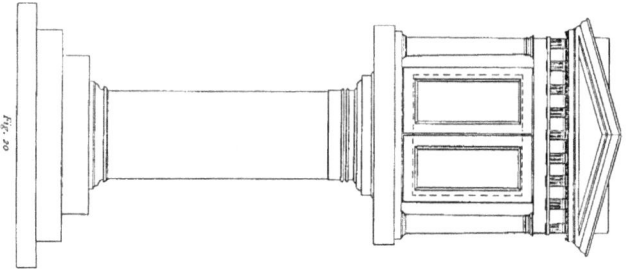

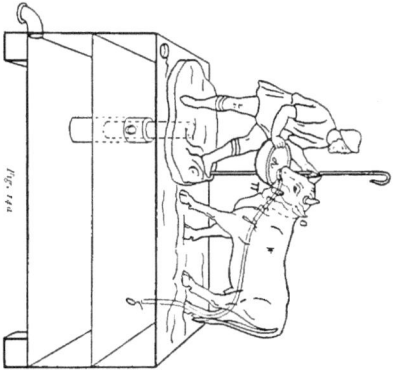

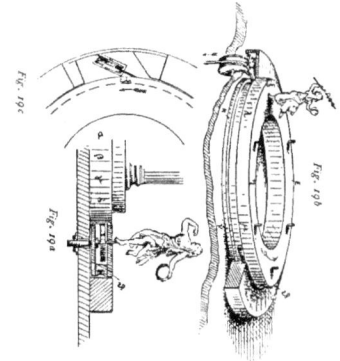

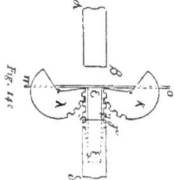

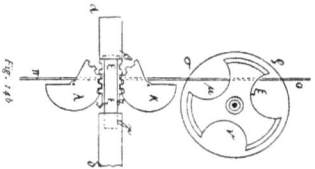

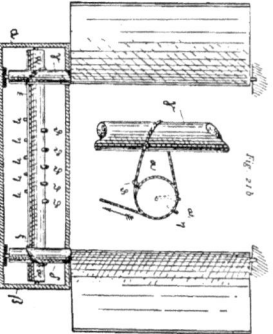

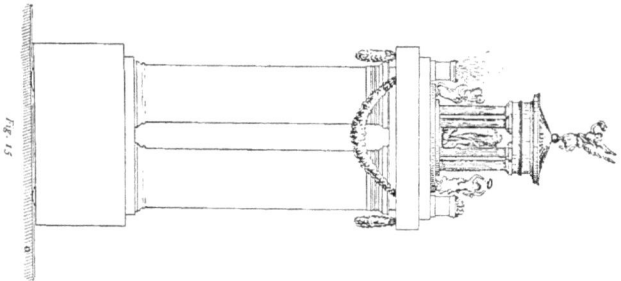

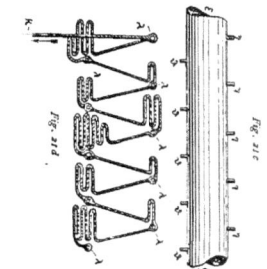

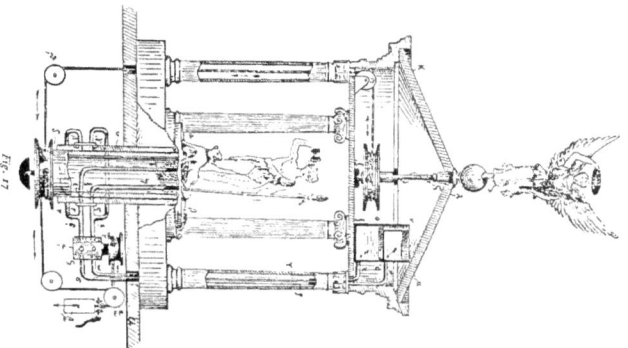

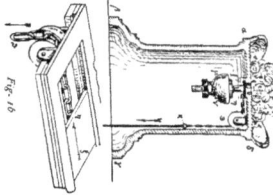

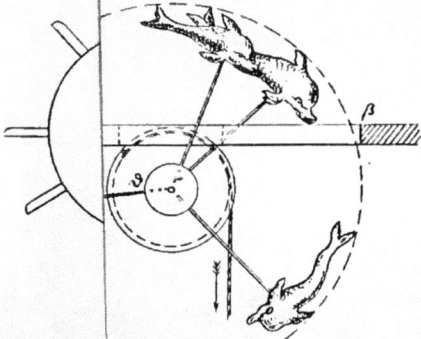

Fig. 25 c

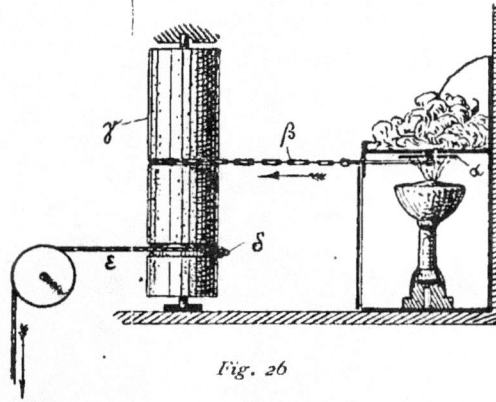

Fig. 26

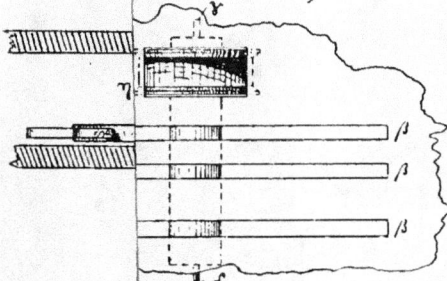

Fig. 25 b

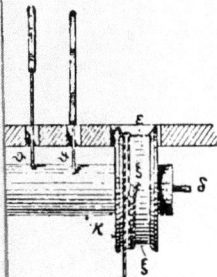

25 a

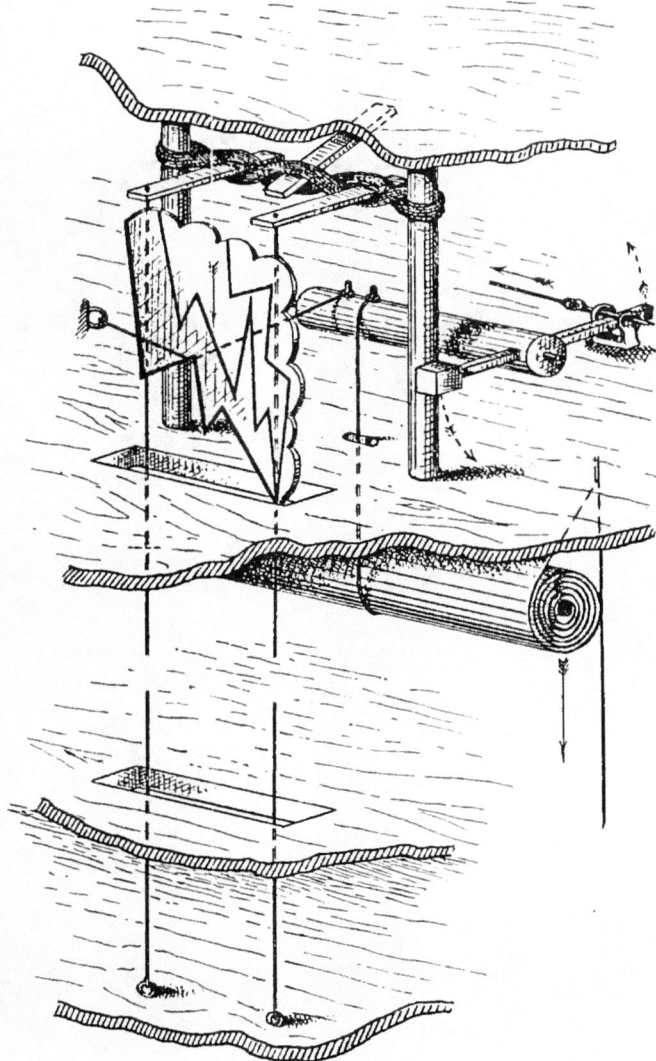

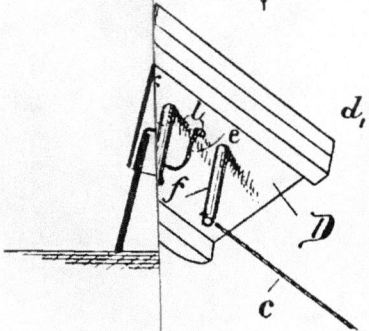

Fig. 29 c

Fig. 27

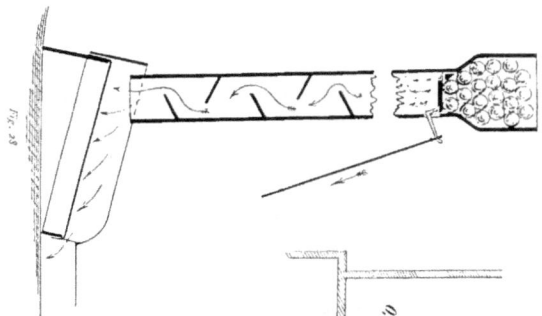
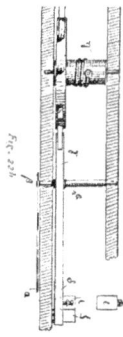
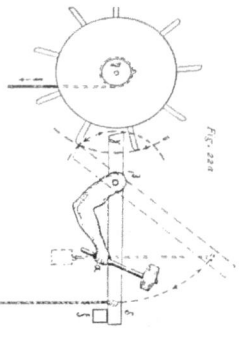

W. Schmidt, Heron von Alexandria

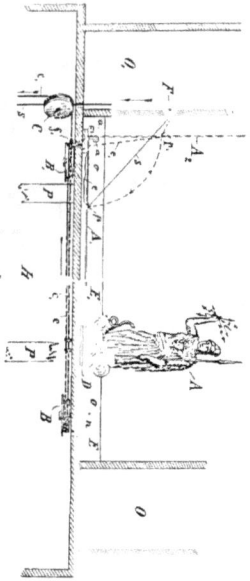
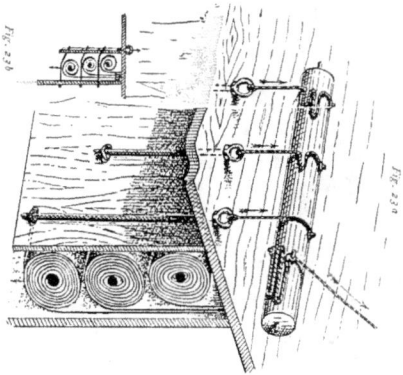
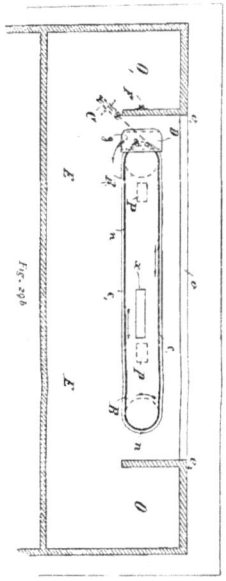
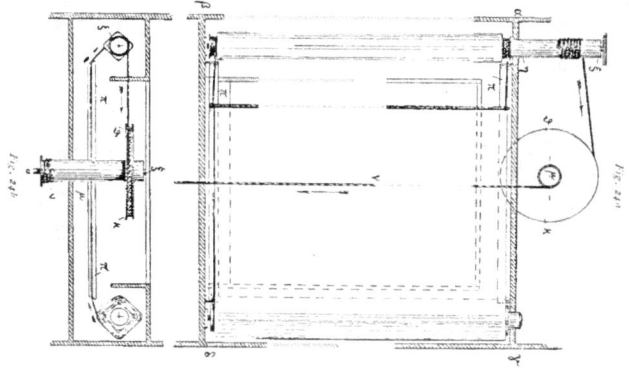
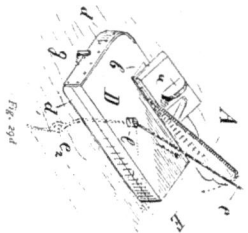
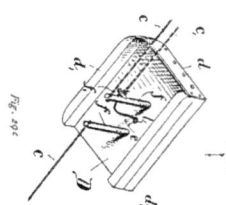
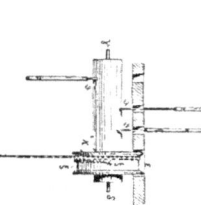
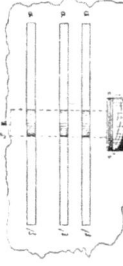
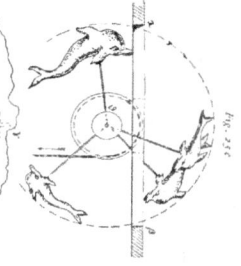
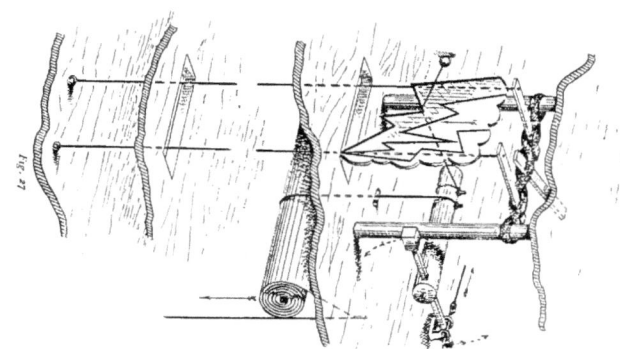
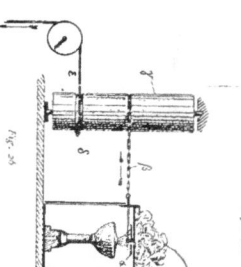

Tafel III

www.ingramcontent.com/pod-product-compliance
Lightning Source LLC
LaVergne TN
LVHW080042090426
835510LV00041B/1928